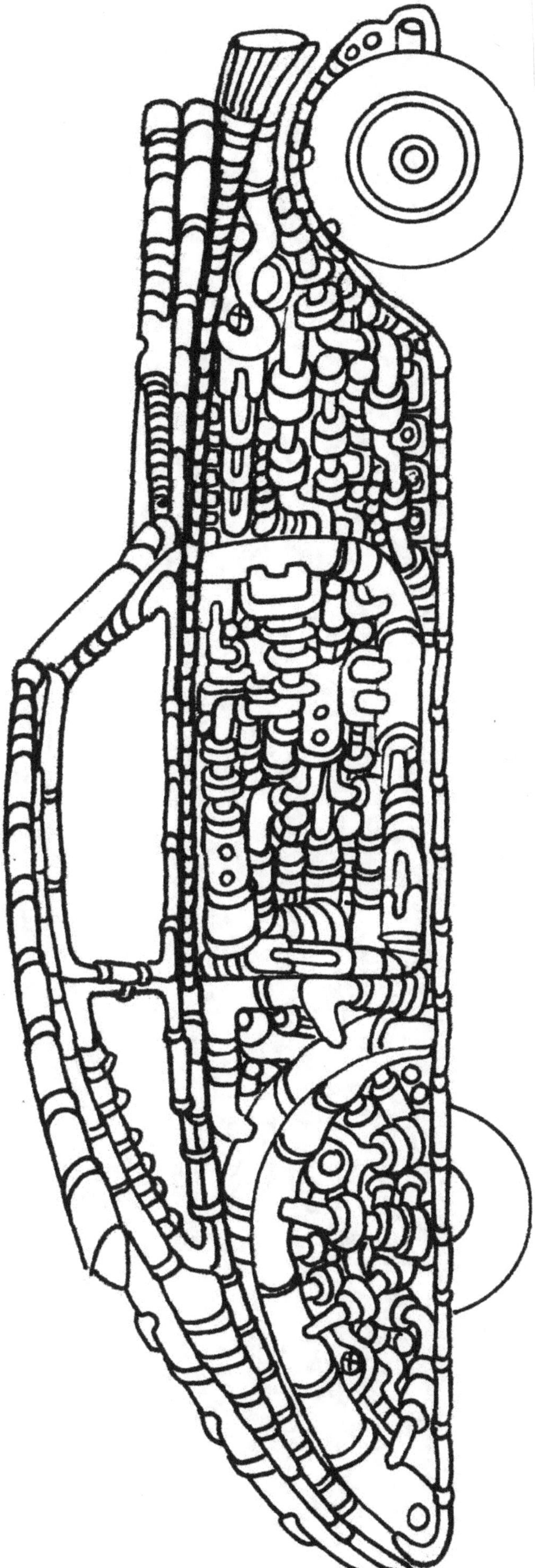

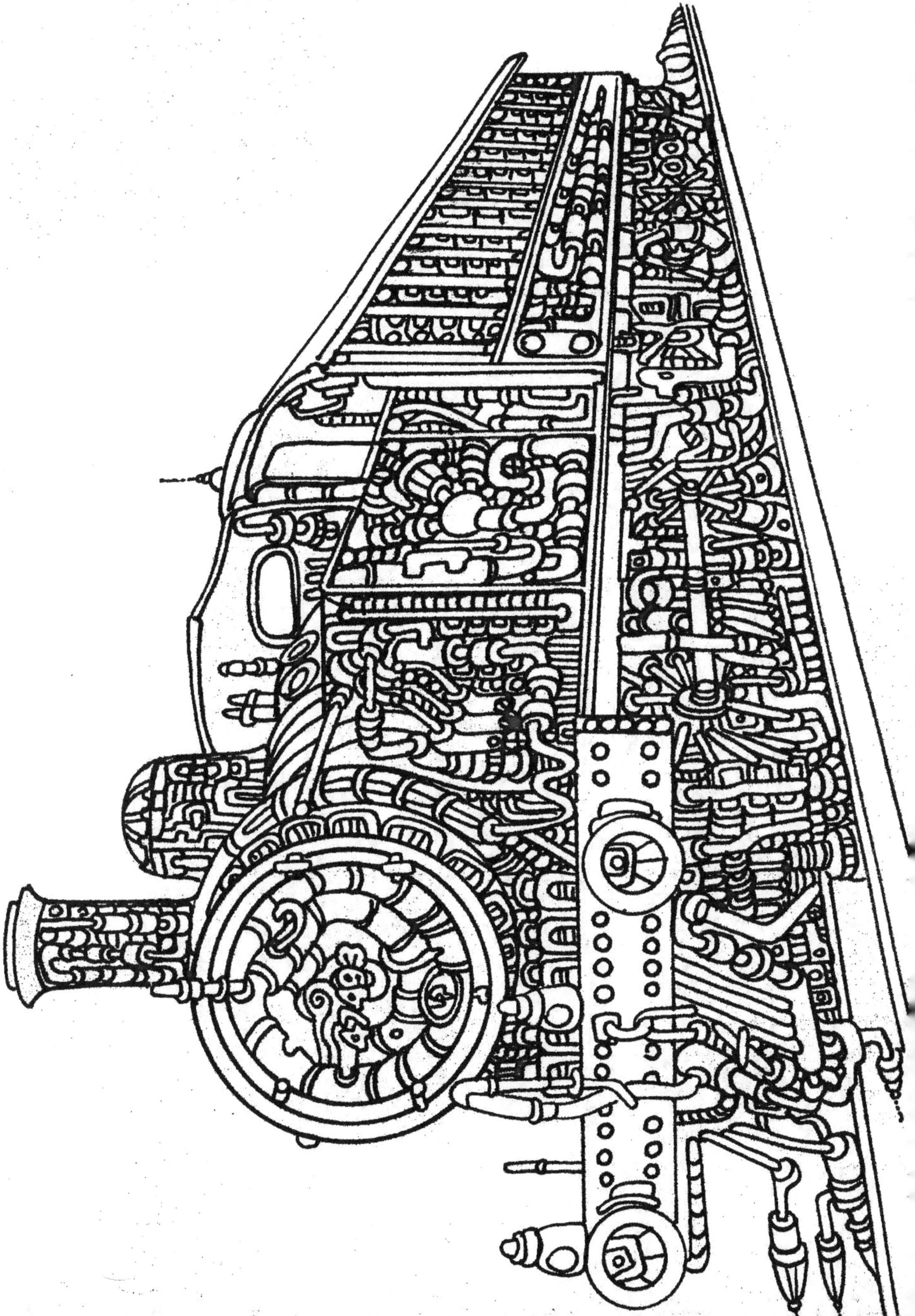

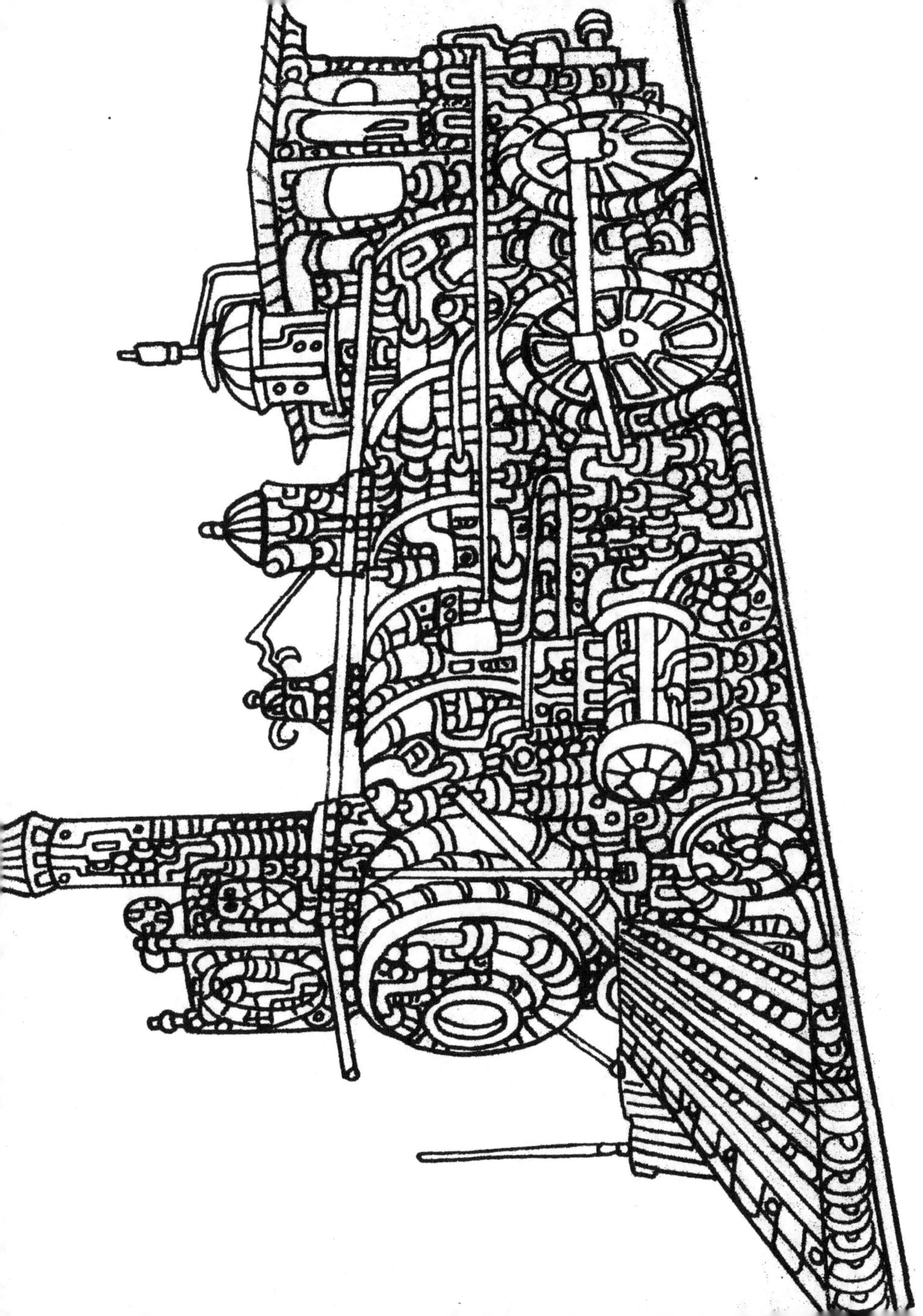

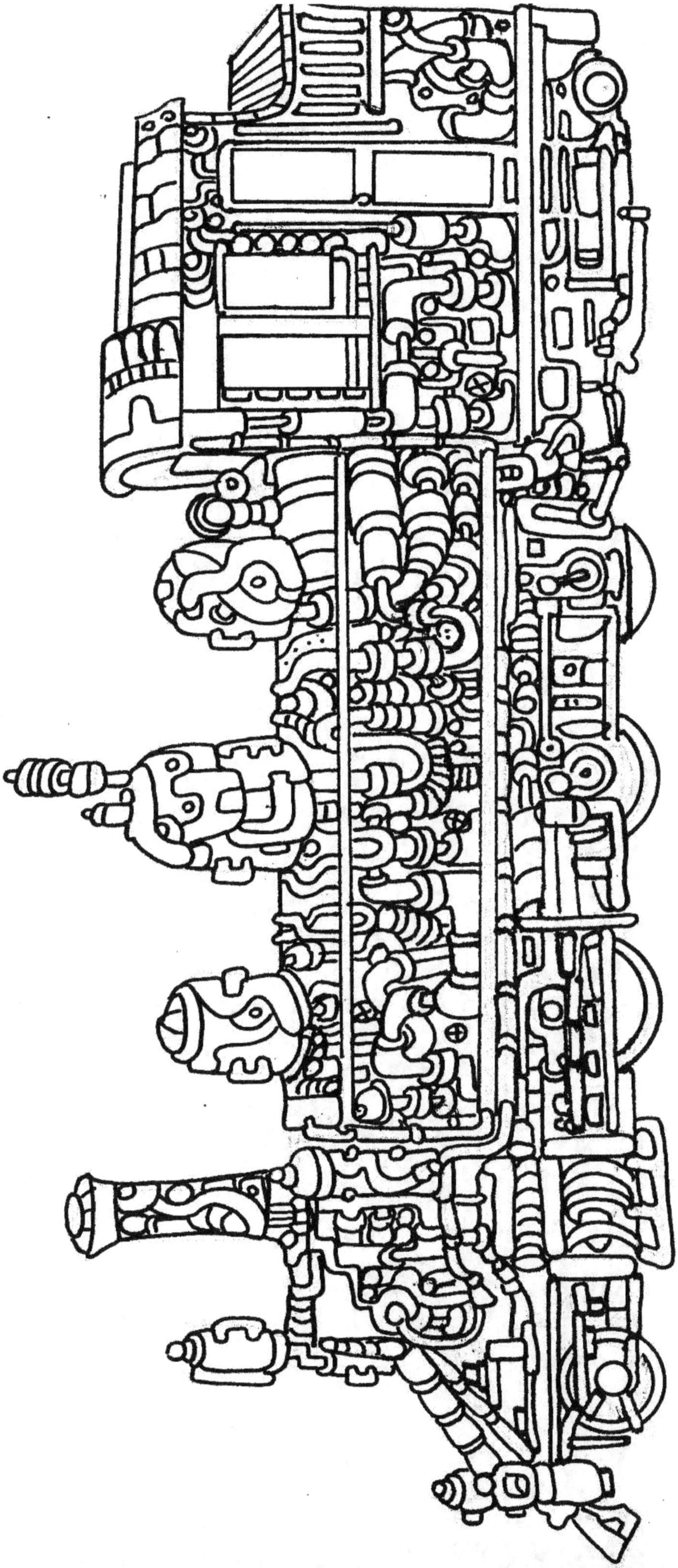

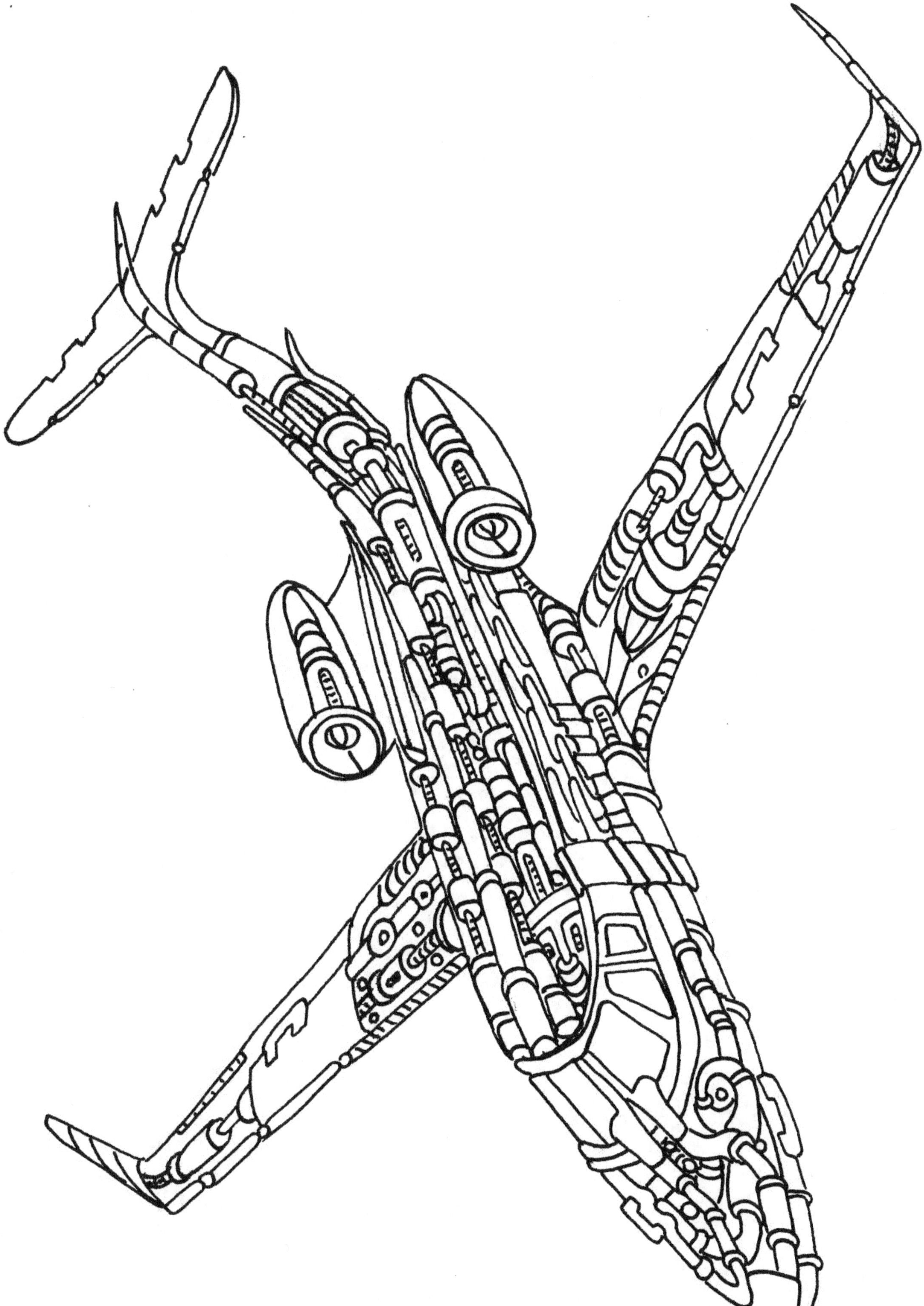

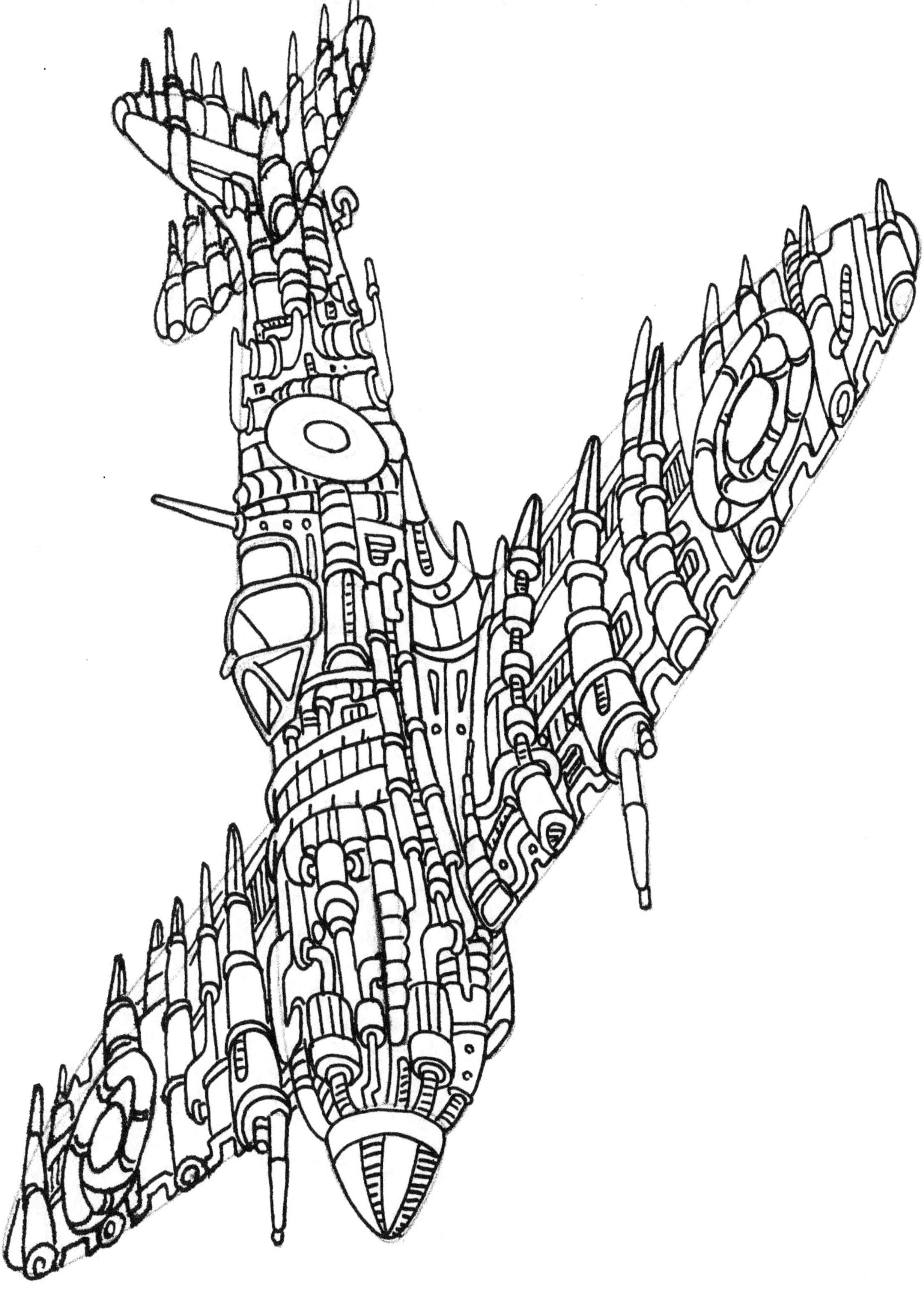

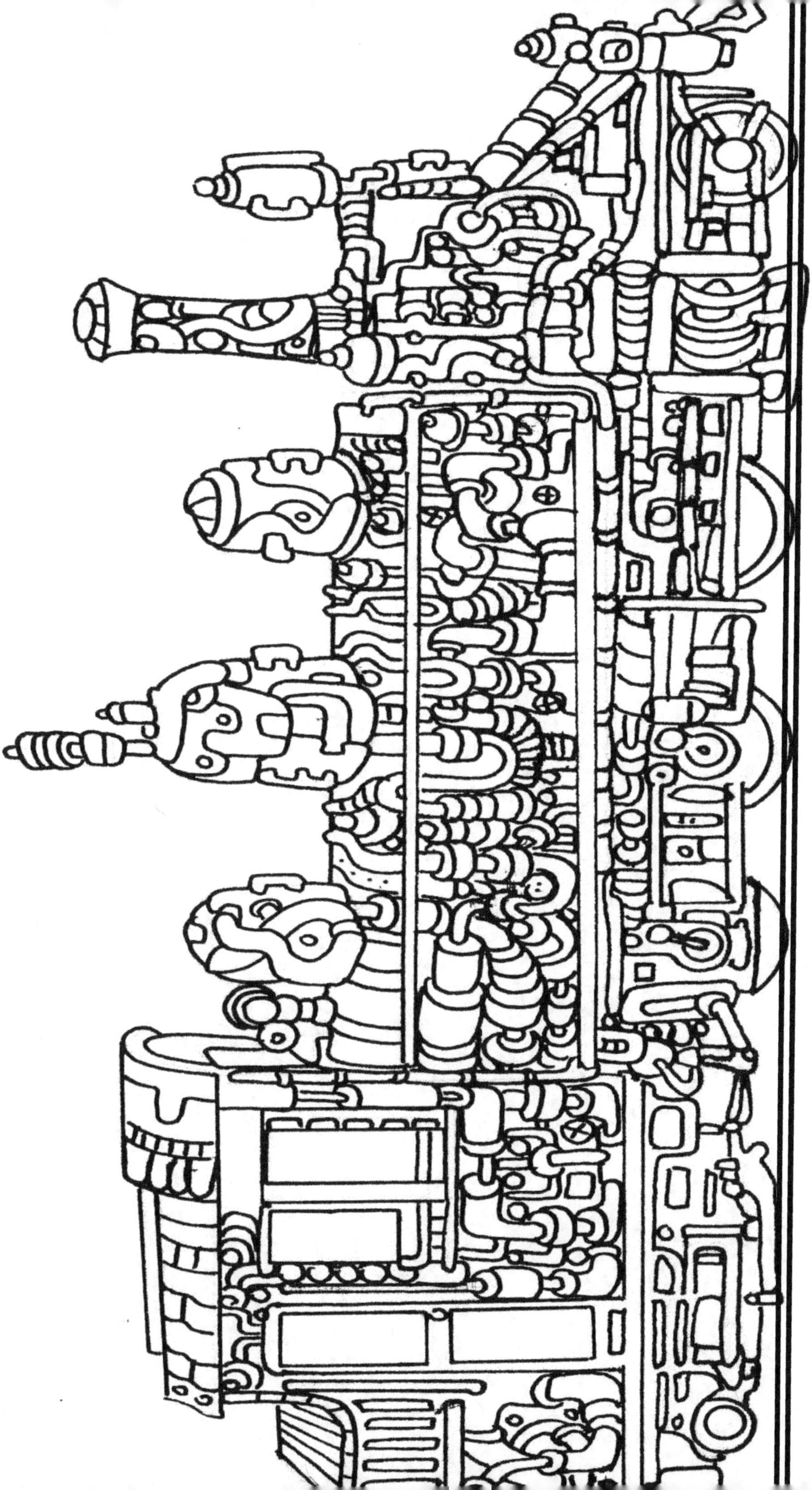

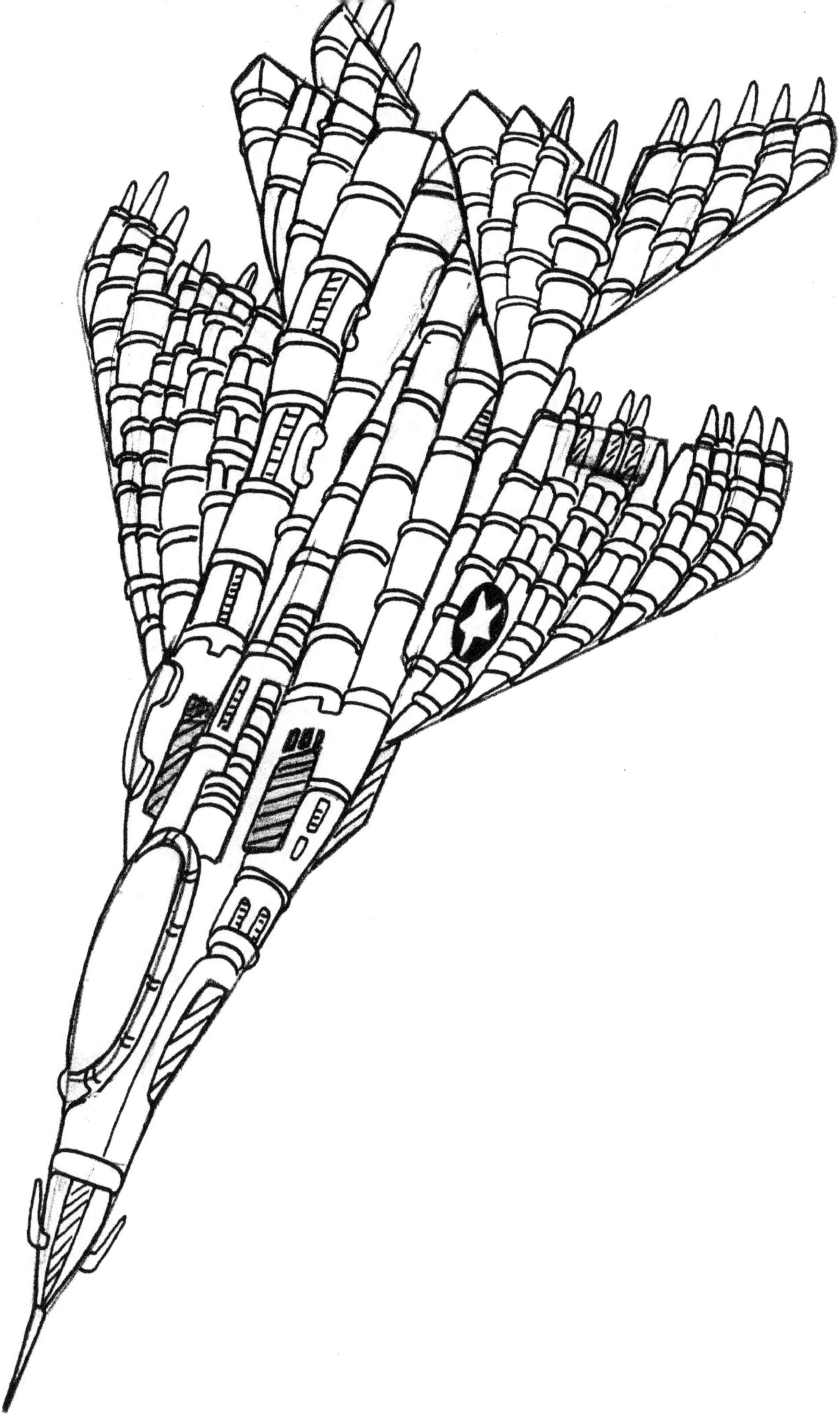

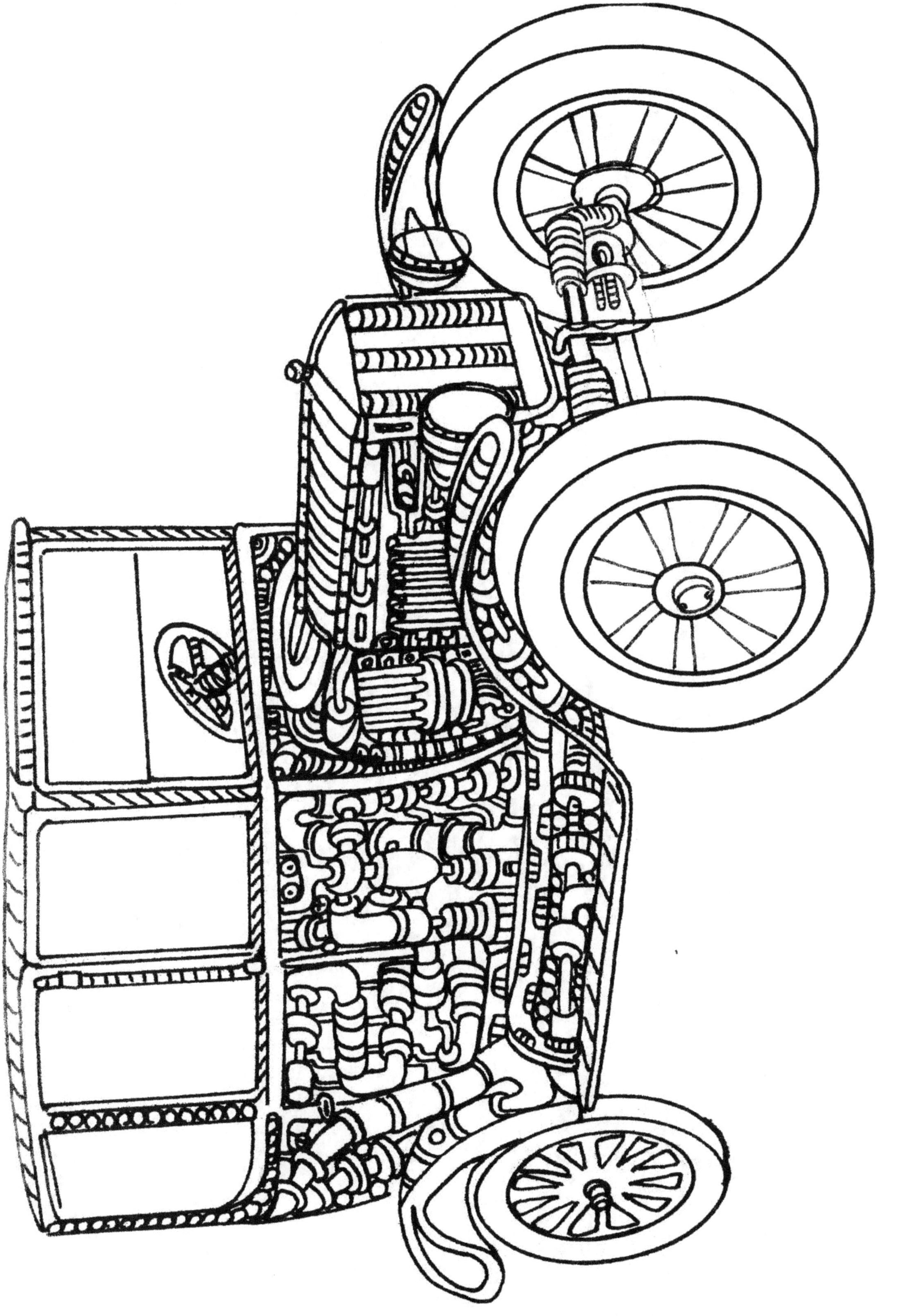

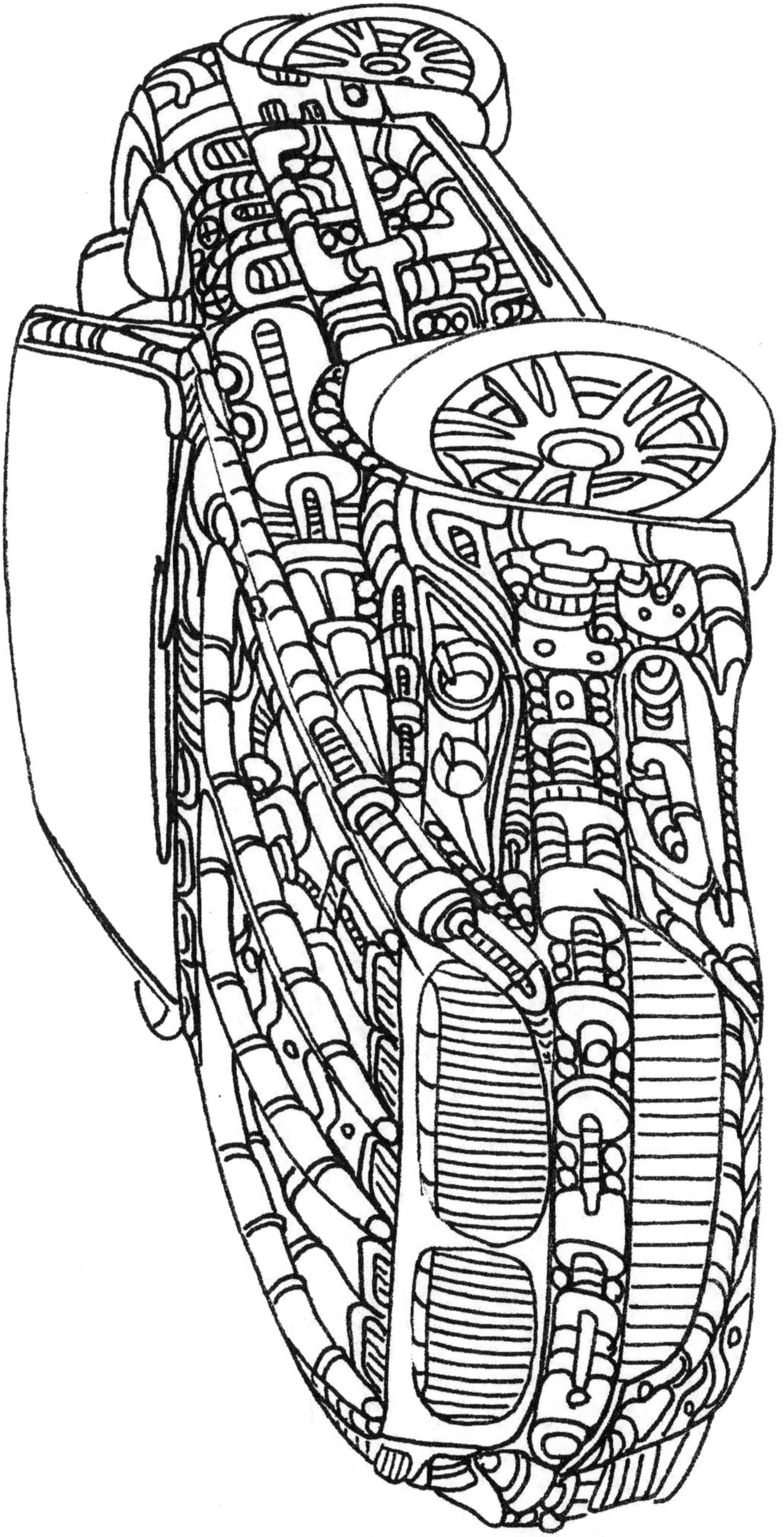

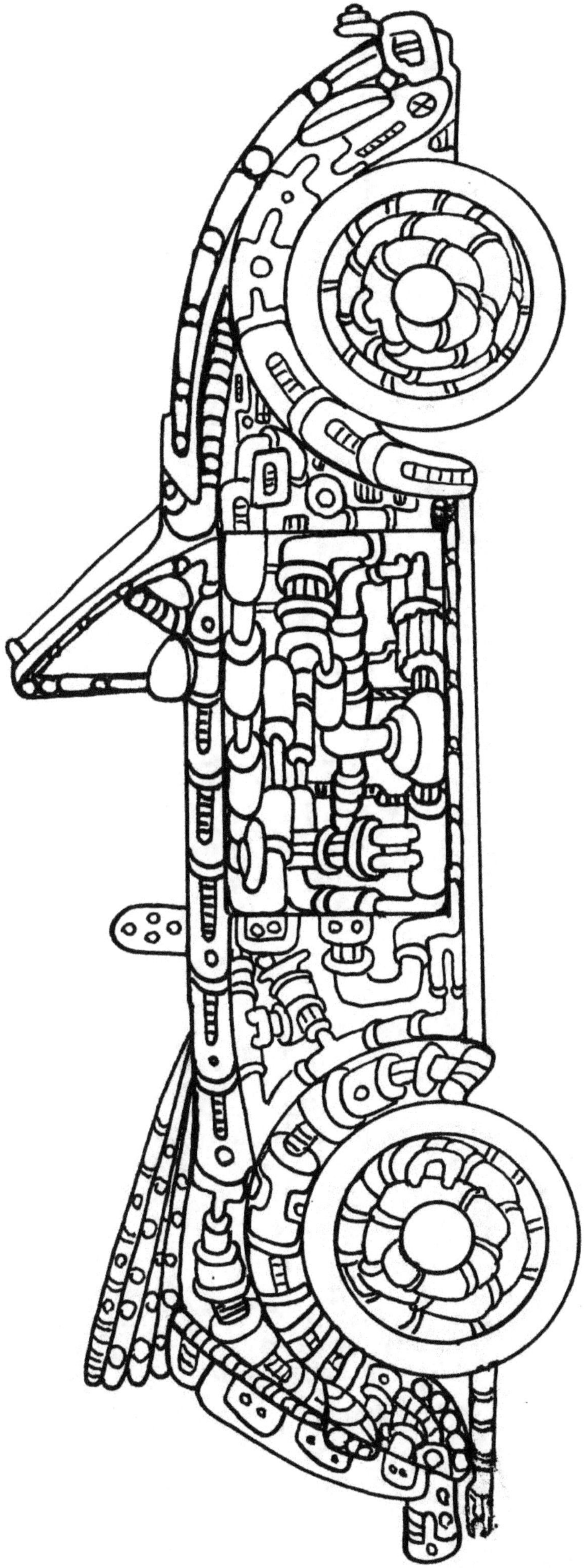

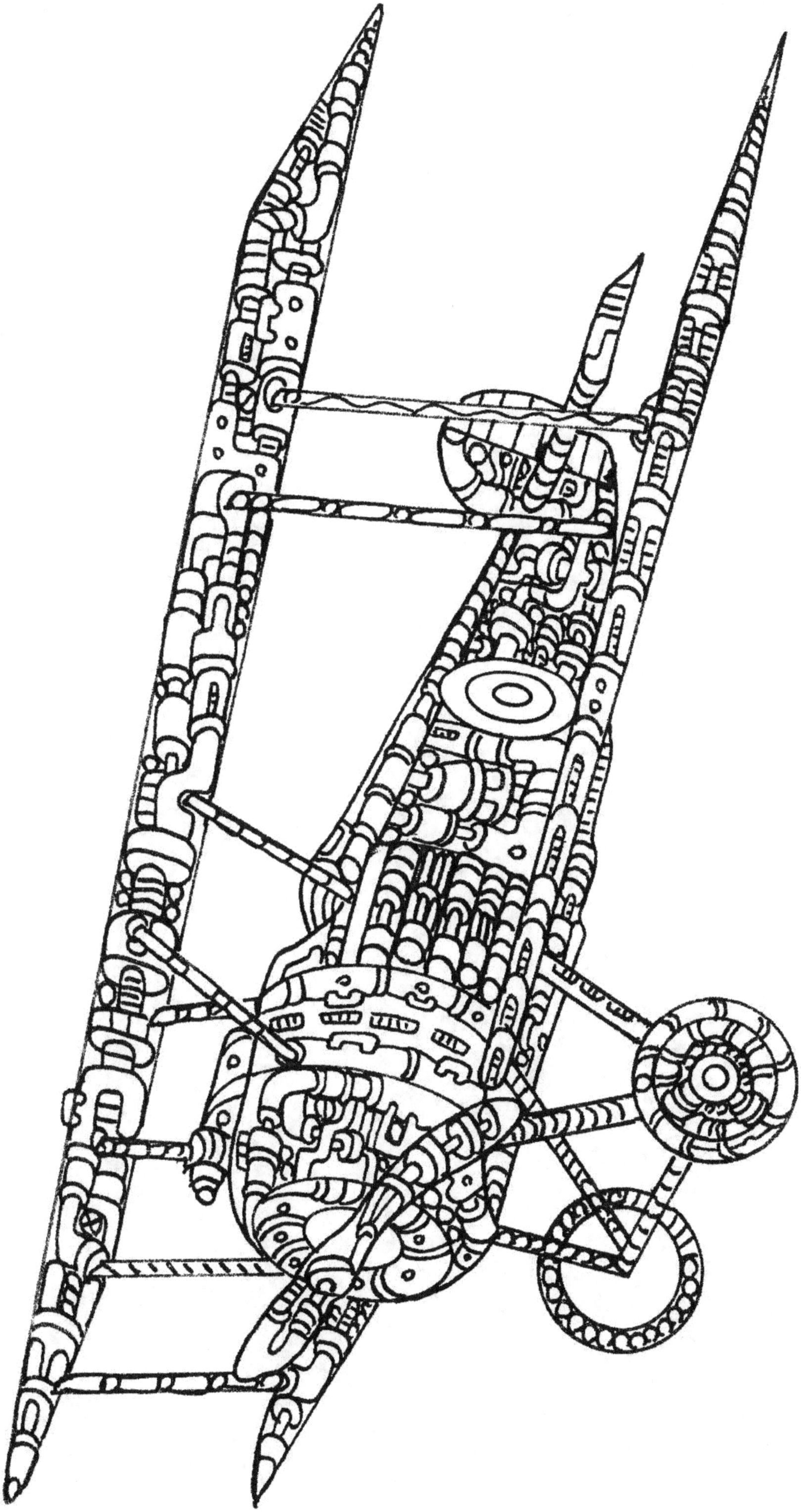

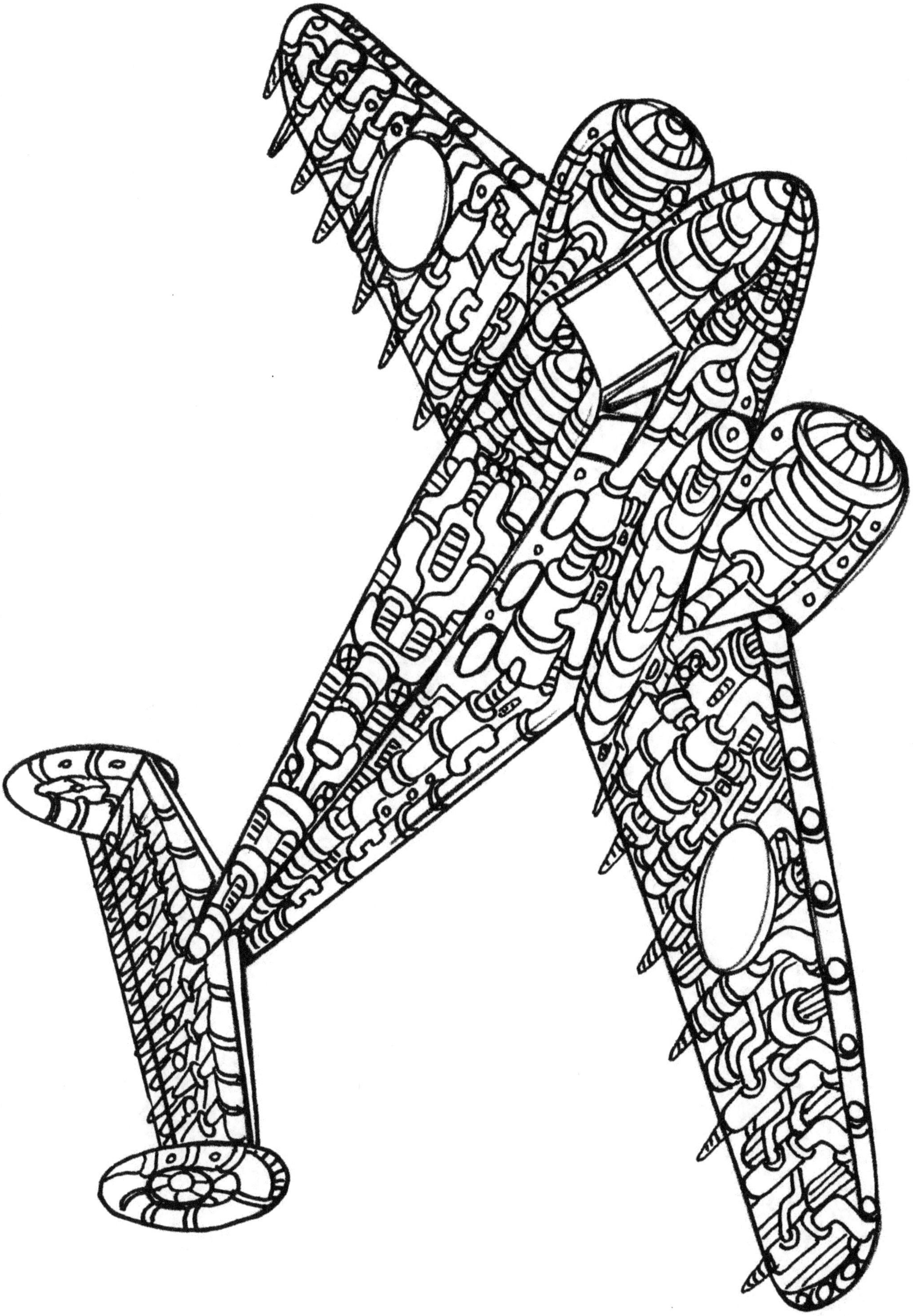

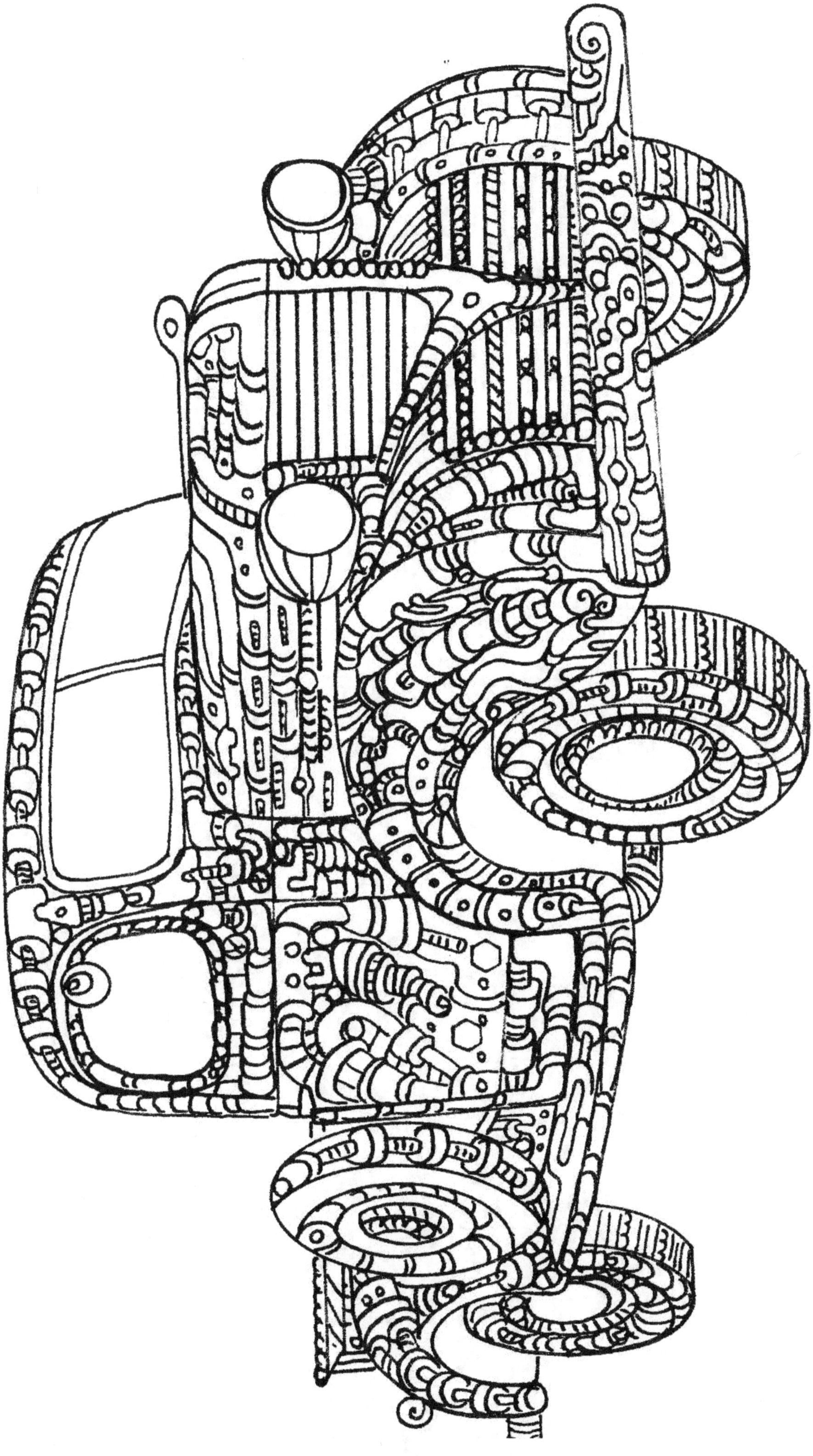

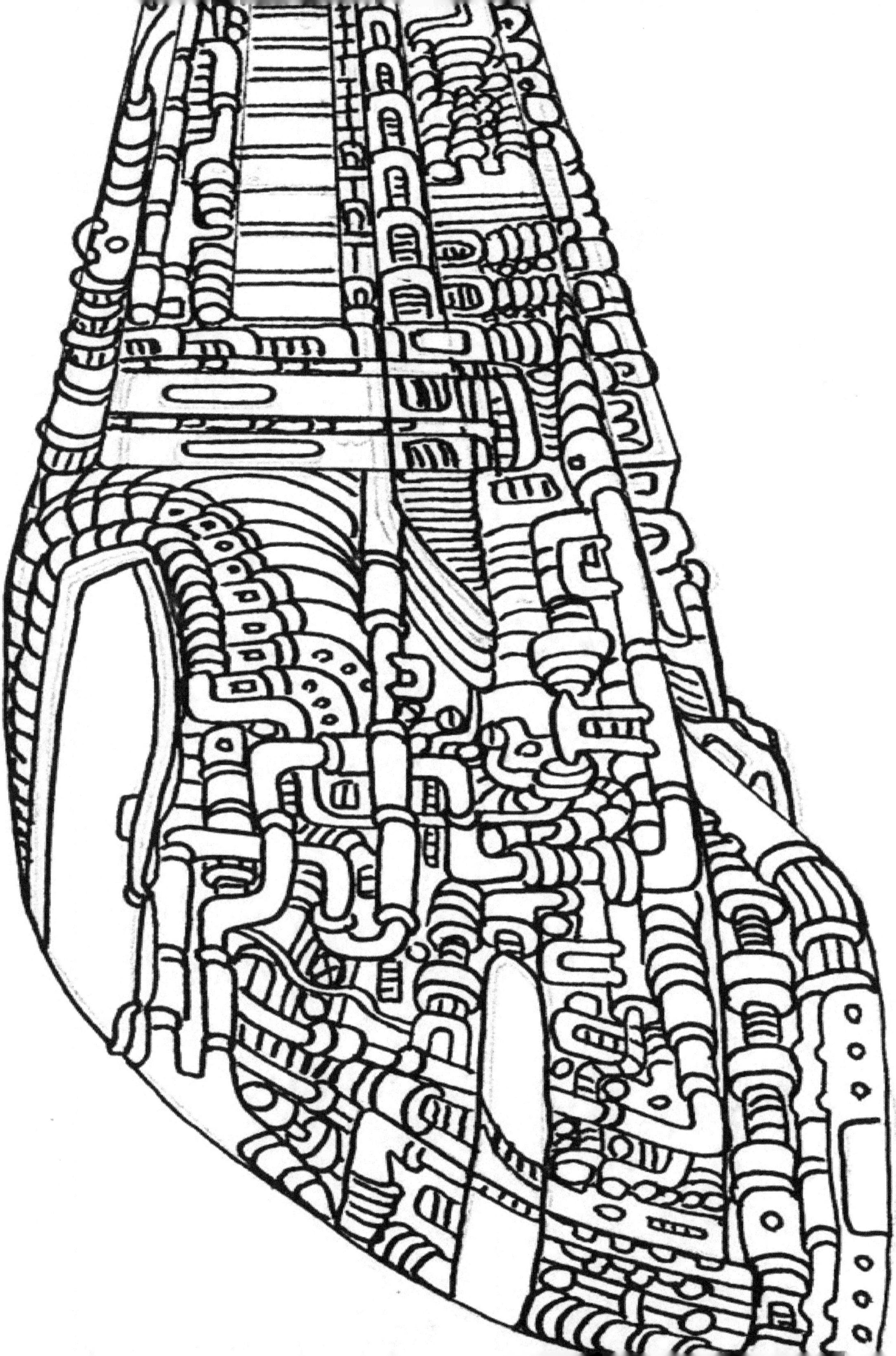

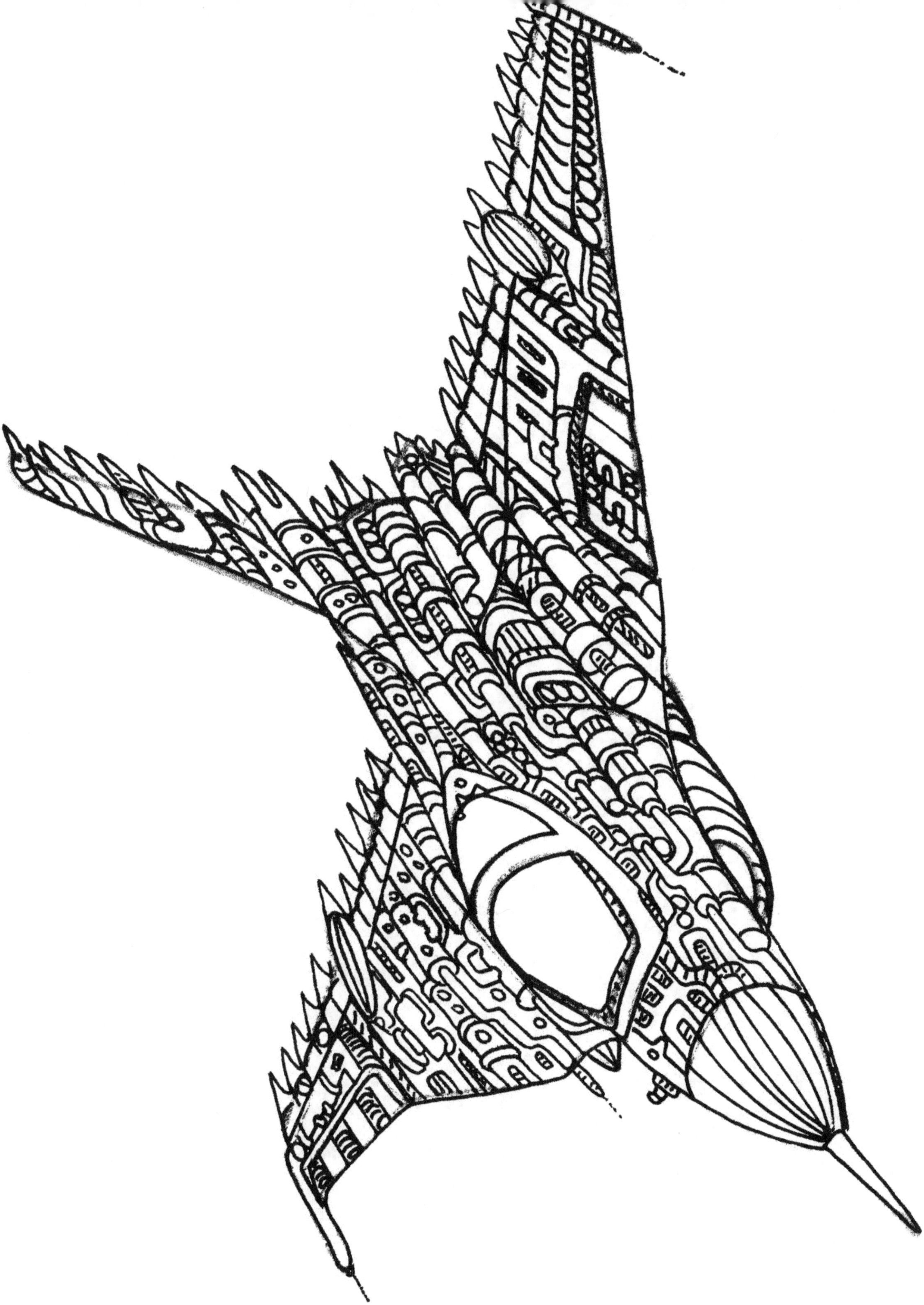

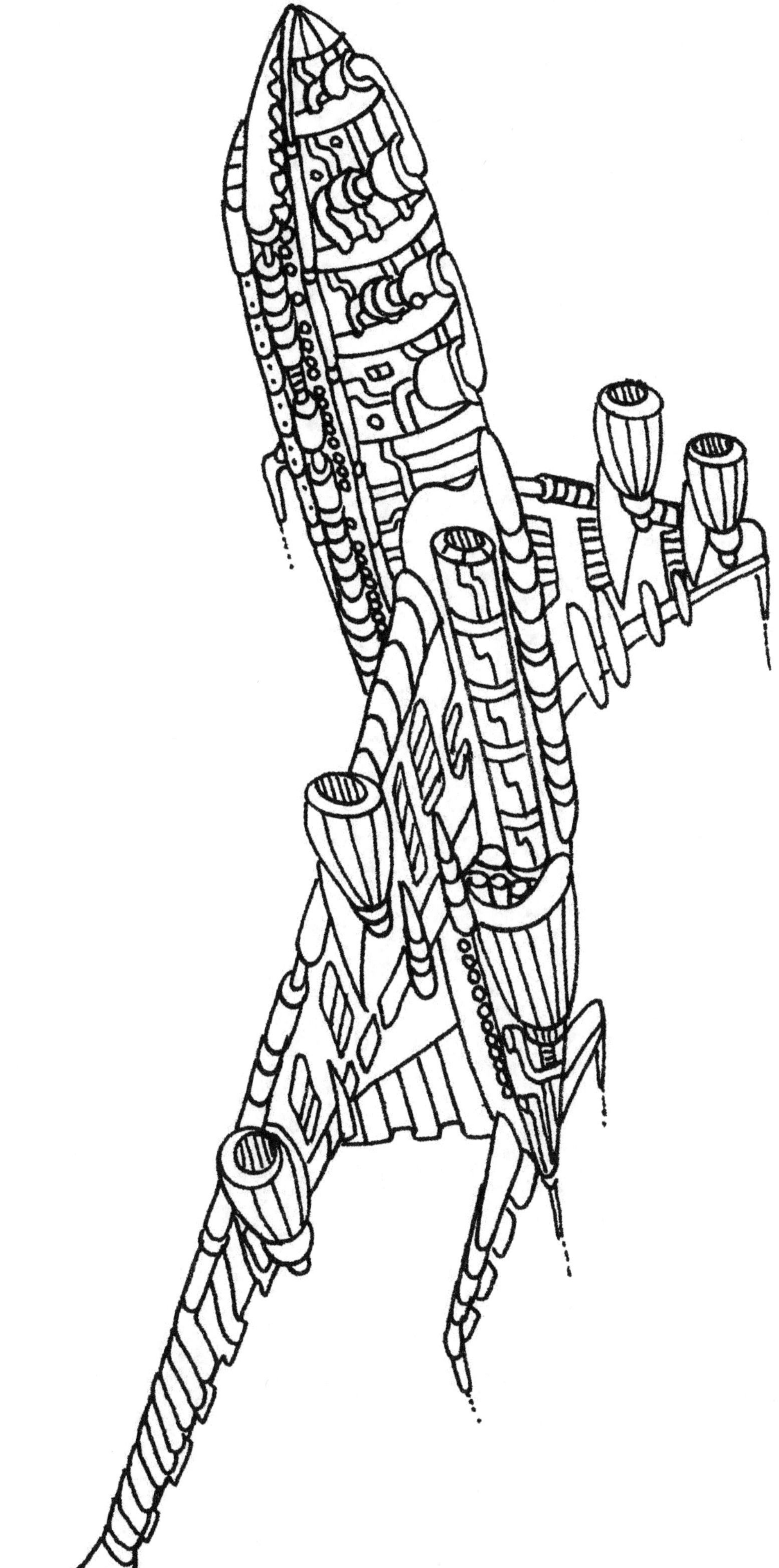

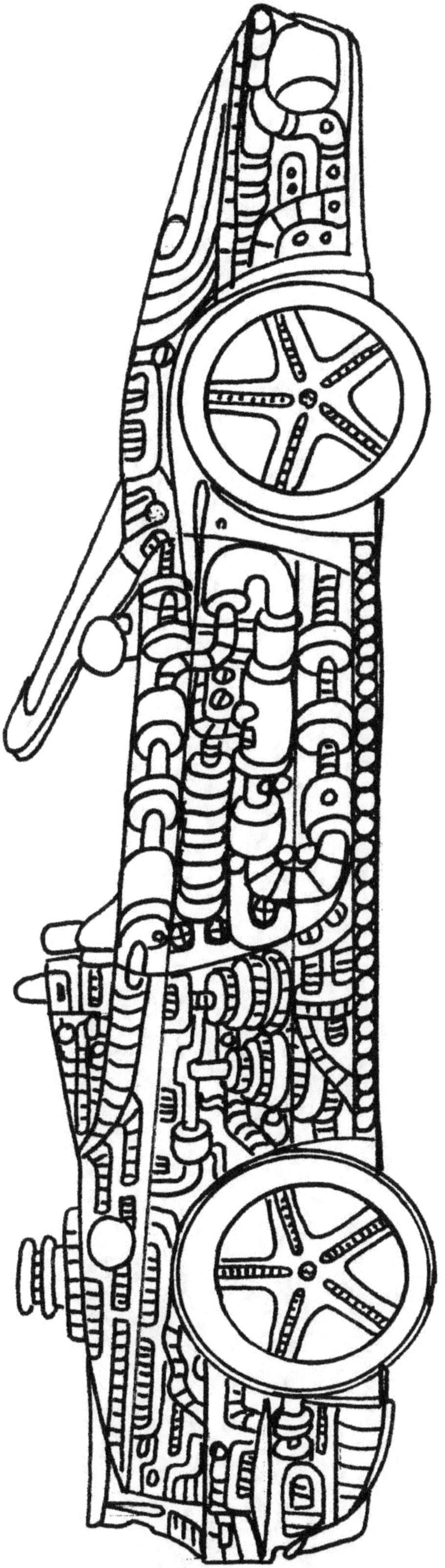

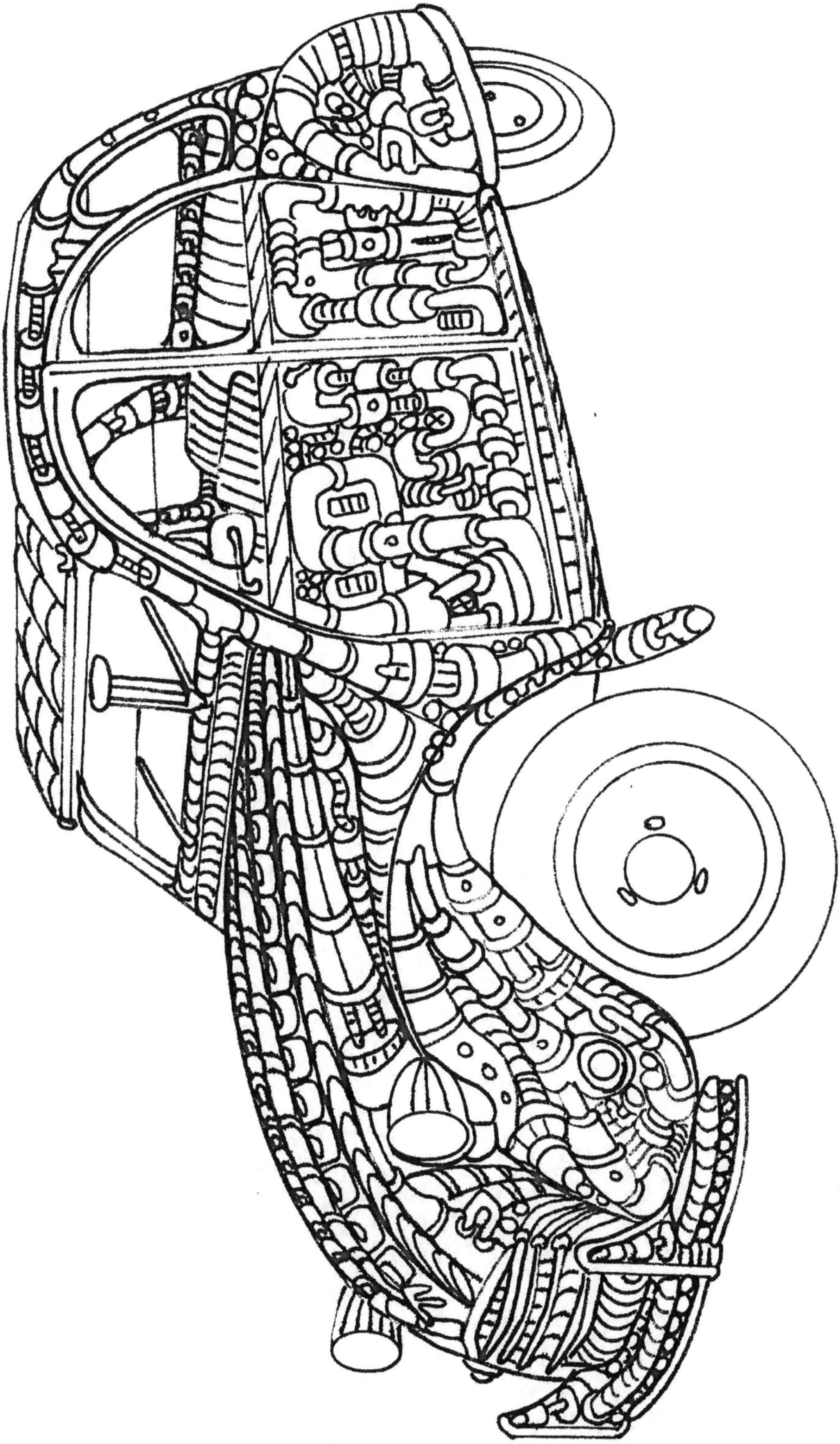

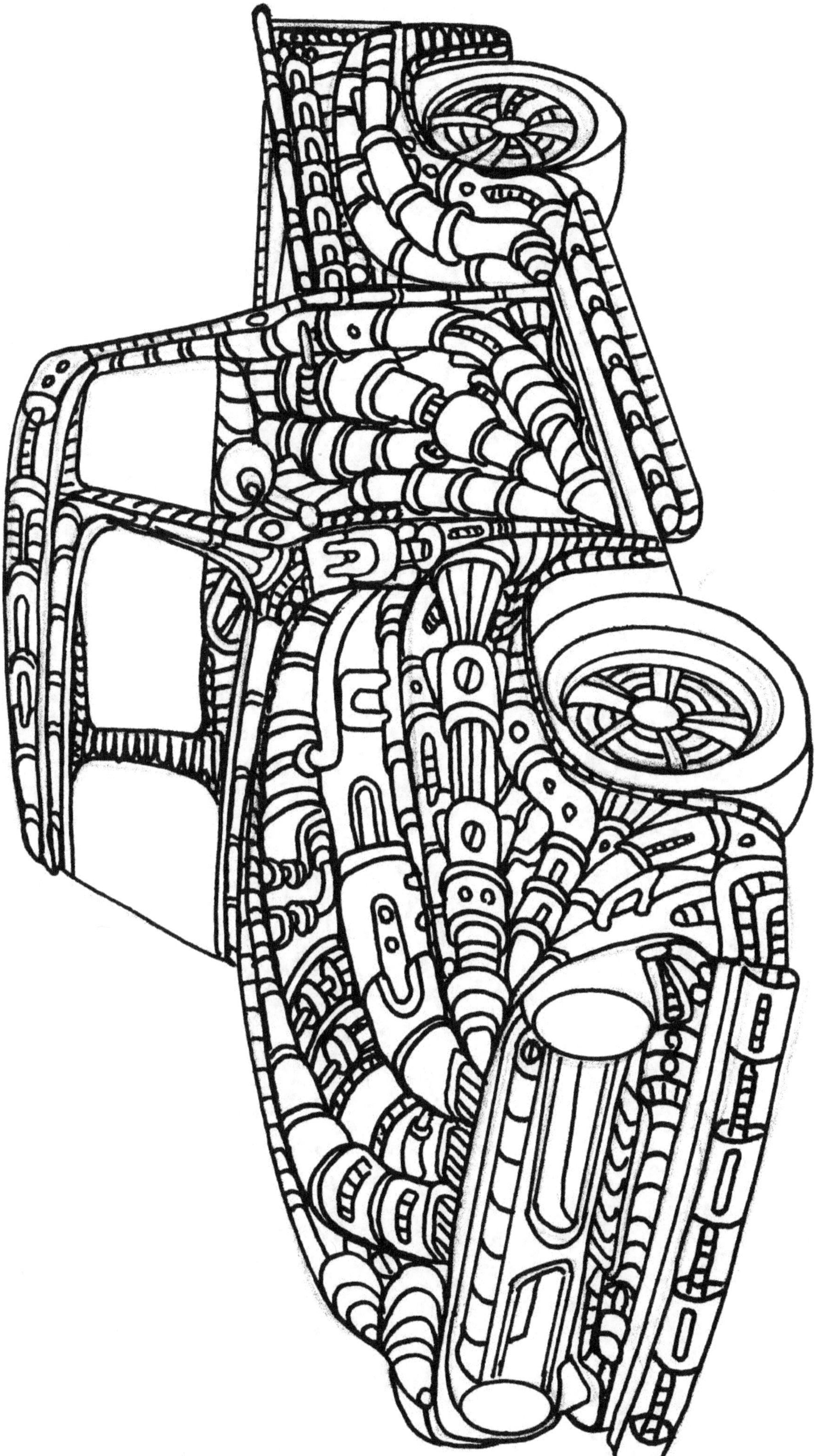

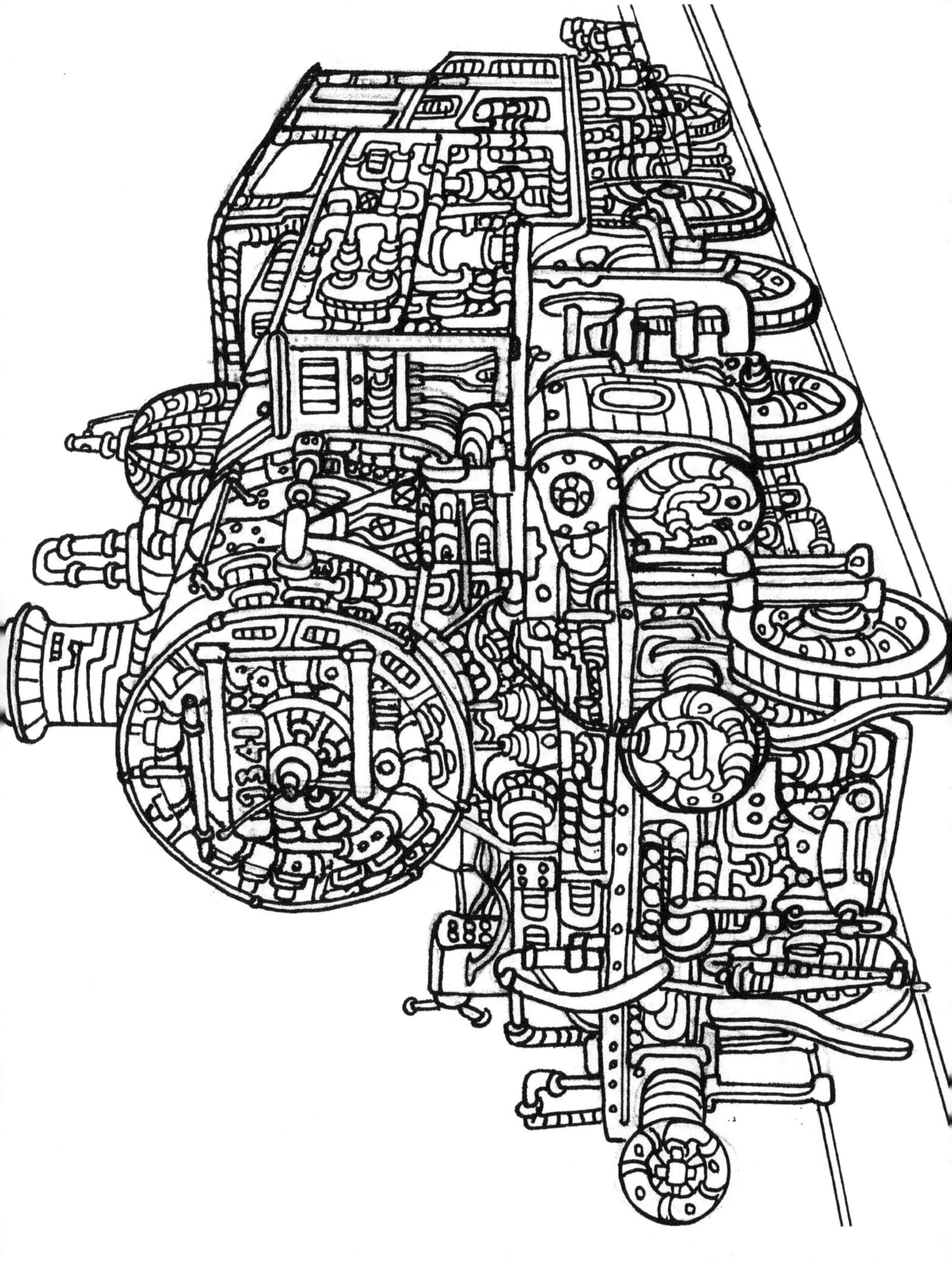

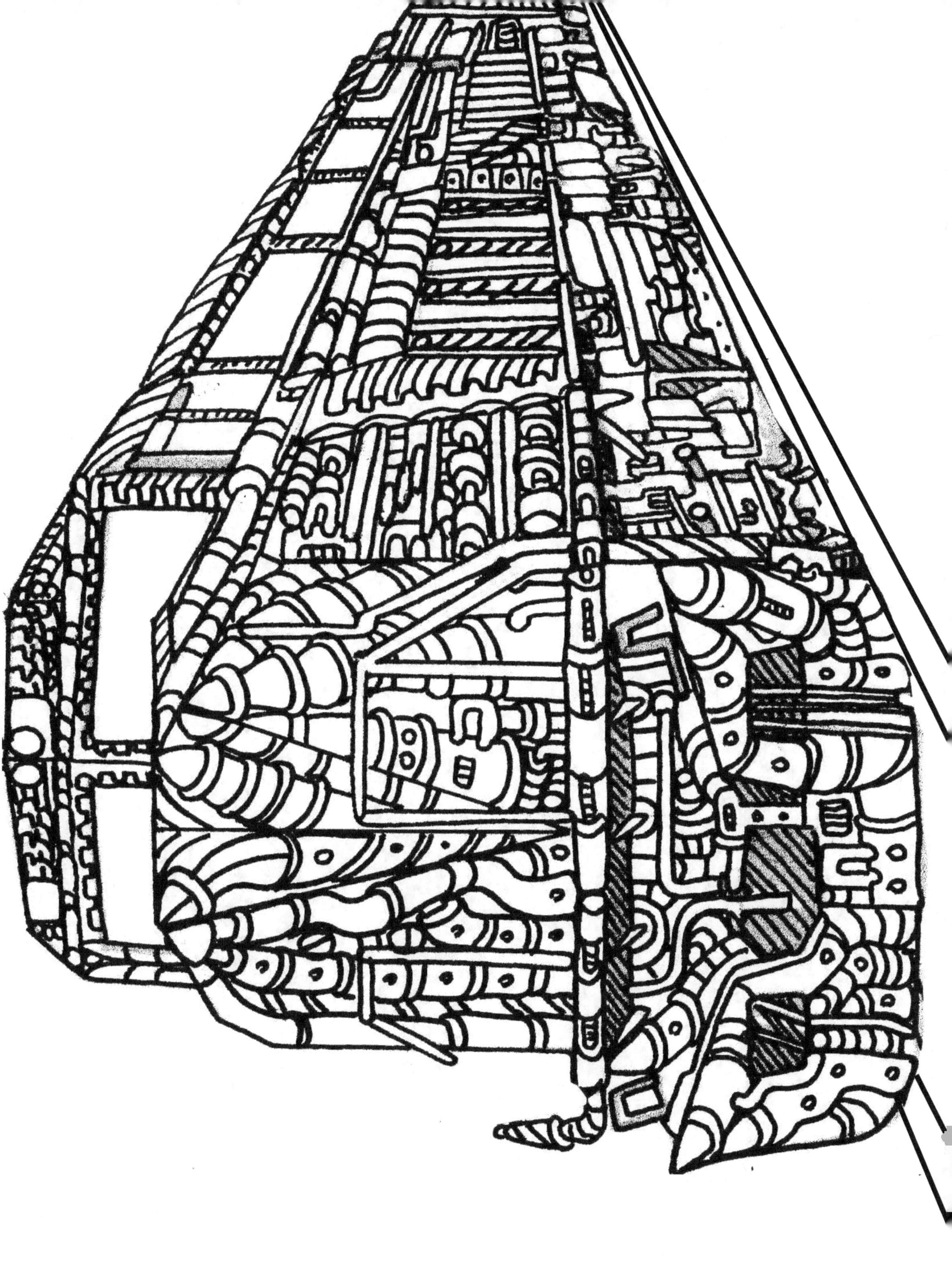

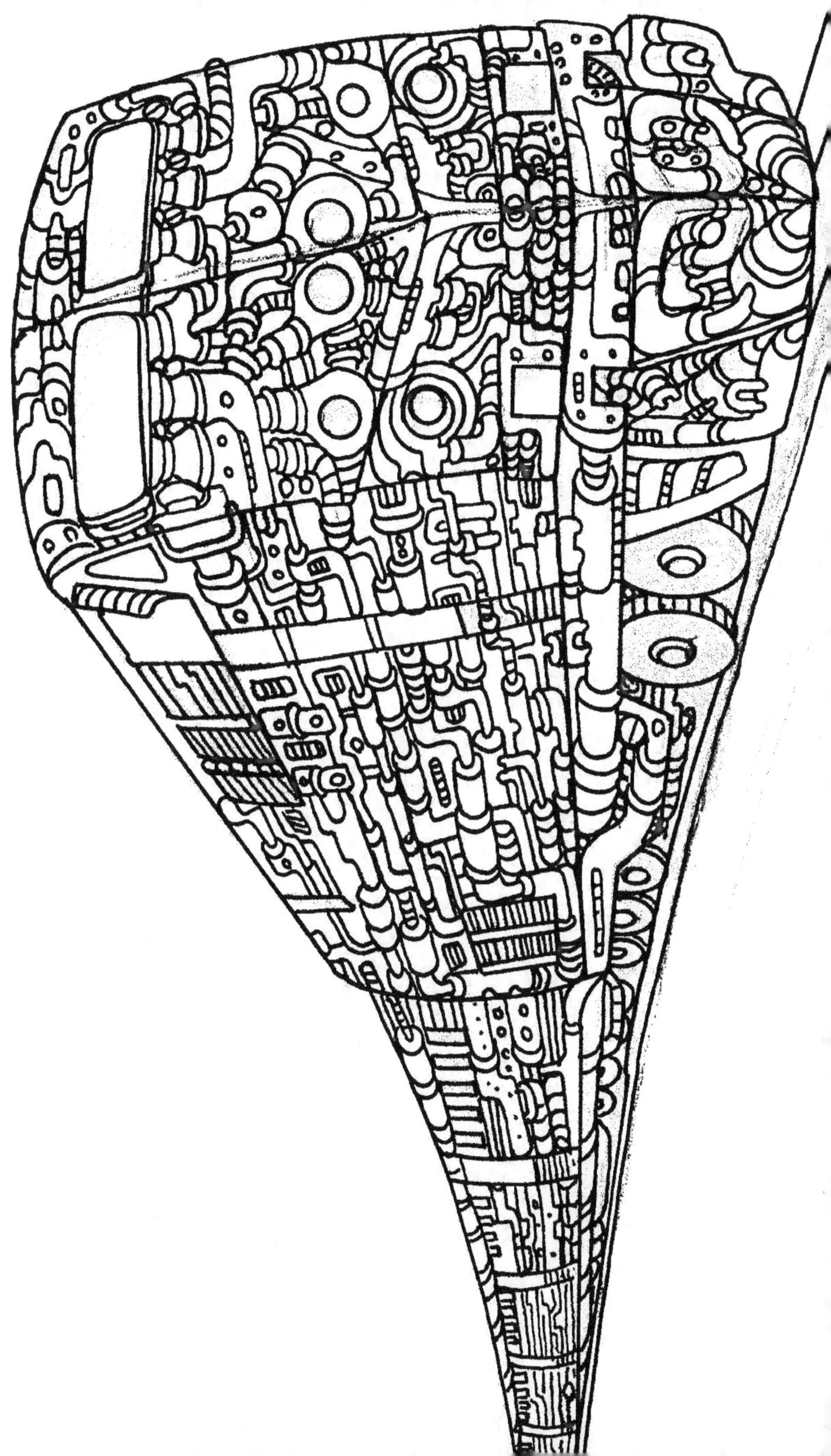

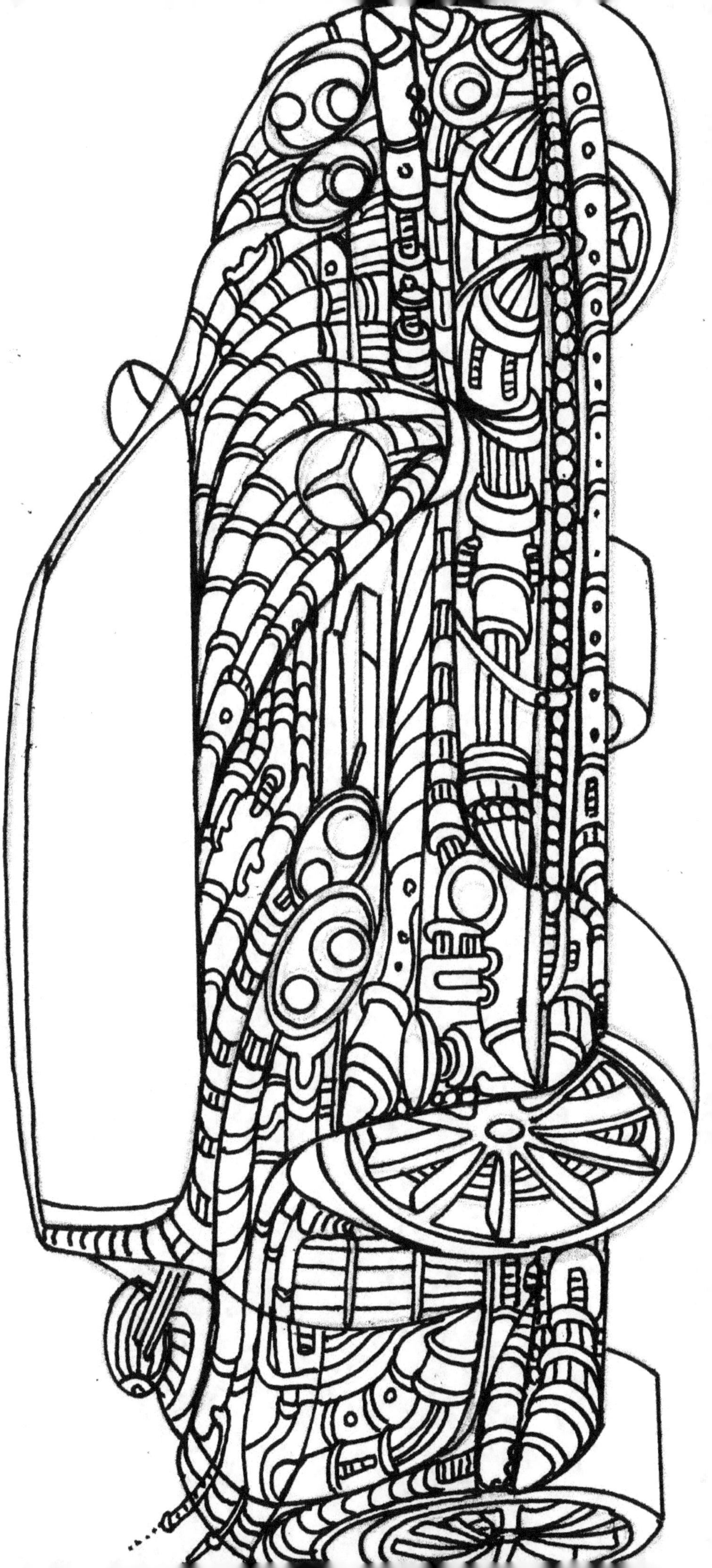

www.ingramcontent.com/pod-product-compliance
Lightning Source LLC
Chambersburg PA
CBHW062234220526
45471CB00009B/3470
* 9 7 8 1 9 8 6 6 0 9 3 9 5 *